LE RETOVR D'HERCVLE,

OV LA FELICITÉ DE LA FRANCE ACHEVEE PAR LE RETOVR DE L'HERCVLE GAVLOIS,

TRAGICOMEDIE.

DEDIE'E A MESSIEVRS LES MAGISTRATS, MAIRE ET ESCHEVINS DE LA VILLE DE CHALON.

AV SVIET DE LA DISTRIBVTION DES PRIX
dans le College de la Compagnie de IESVS, le 22. Iuin 1662.

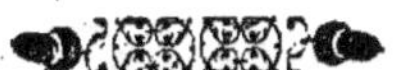

A CHALON fur Saone,
Chez PHILIPPE TAN, Imprimeur de la Ville & du College.

La Scene est à Cyclopole.

A MESSIEVRS LES MAGISTRATS, MAIRE, ET
Escheuins de la Ville de Chalon.

MESSIEVRS,

Le bon-heur dont joüit cette Ville dépuis si long-temps est vne recompense des heroïques Vertus, que nous auons le bien de remarquer dans vos Personnes; s'il est permis de gouster dans les autres lieux les delices de l'aage d'or, sous l'ombre des Oliues & des Palmes, nous possedons dans ce séjour par vostre moyen, tout ce qui est capable de donner l'immortalité à nos productions, & aux auantages que nous receuons des douceurs de la Paix. Le soin que vous prenez tous les ans d'acquerir des nourrissons, & des courtisans aux Muses par vos liberalitez est si extraordinaire, qu'il falloit vne éloquence plus forte que celle des Orateurs de l'ancienne Rome & d'Athenes, pour laisser à la posterité l'admiration de vos faueurs. Nos Theatres qui auoient esté couuerts auec pompe de vos bien-faicts, estoient las de voir couler sur eux tant de sang, & de mesler vos éloges auec les lugubres accens de la Tragedie; nos Muses n'ont pû se resoudre d'aller mendier dans les Prouinces estrangeres le sujet de leurs pieces de Theatre puis qu'elles possedoient par vostre moyen tout ce qui peut contenter les esprits les plus curieux, & seruir d'exemple aux plus sages. On ne peut vous traitter d'autre façon, que de celle dont l'on honnore les diuinitez, en leurs offrant les mesmes presents qui viennent de leurs mains; nos pieces (comme nous croyons) ne vous sçauroient déplaire, puis qu'elles sont accompagnées de la representation de vos aymables qualitez. Vous permettés donc MESSIEVRS que cét Hercule si long-temps desiré fasse son entrée dans vostre séjour, comme il vient pour gaigner les esprits par son éloquëce; il ne le peut faire dans vne Ville plus pro-

portionnée à son dessein, que la vostre, ou la science éclate dans son throne, cette Ville ayant esté depuis plusieurs Siecles reconnuë pour la demeure des sçauants, ce que preuue assez Ptolomée lors qu'il l'appelle χαβαλλίνον, comme pour marquer qu'elle ne cede rien en beauté aux auantages de cette montagne si renommée, ou les esprits les plus sçauants faisoient gloire de demeurer ; outre que cét inuincible Heros s'estime fortuné de pouuoir rencontrer dans vos Armes la matiere de ses chaines, dont il se charge d'autant plus volontiers, qu'il voit que c'est vne iuuention admirable, pour exprimer les obligations qu'il vous à de vous estre employé si long-temps pour le faire triompher dans vostre Ville, ses victoires sont d'autant plus surprenantes qu'elles portent auec plus d'auantages les marques d'vne honorable seruitude. L'inclination que vous auez toûjours montré à entretenir, & faire fleurir les sciences parmy vous, fait que vous passez iustement pour les Mœcenas des sçauants: vos Cercles qui fournissent la matiere à cette Tragicomedie, montrent le soin que vous aués de ne laisser pas sans recompense la troupe choisie de nos Muses, il ne falloit pas moins que trois Cercles d'honneur pour couronner la France apres tant de bon-heur, dont le Ciel l'a auantagé pendant le regne de l'vn des plus augustes Princes du monde, ne serions-nous pas coupables de la plus noire ingratitude, si apres auoir cueilli les Palmes que vous auez fait naistre dans nostre Parnasse, nous ne montrions auec cét illustre conquerant, par vne action de iustice que nous ne respirons & bornons nos desirs qu'à celuy de vous contenter ; vous souffrirés doncques MESSIEVRS, que viuants par vos bien-faits nous vous addressions nos ouurages, qui trouueront tout leur éclat entre vos mains aussi bien que la perfection qui leur manque. Le principal estude de ce Prince sçauant, est de vous faire paroistre en se produisant au iour, & de trauailler de concert auec vous, pour maintenir la gloire des lettres dans le haut point ou elles ont paru dans vostre Ville, il ne sortira des forests, ou la deffaite des monstres

auoient engagé, qu'afin de se professer vostre obligé en qualité du plus
and Prince de l'éloquence, il n'a eu garde de rien entreprendre sans
ostre consentement, il se flatte bien de cette esperāce, que vous le trait-
rés comme l'vn de vos domestiques, & que vous ne luy refuserés pas
os Cercles qui peuuent augmenter la gloire de ses chaines, & qui doi-
ent estre comme le nœud de son intrigue victorieuse, vous permettrez
ue ce conquerant paroisse dans vostre Ville, ou les beautez de la langue
rançoise, aussi bien que les douceurs de l'éloquence, ont toûjours esté
stimez parmy le grād nombre des braues esprits, qui ont rendus à cette
Ville l'immortalité que luy sembloit promettre les trois Cercles, dont
es murailles furent autrefois entourées, il est bien raisonnable que ce
oleil des esprits treuue son repos apres tant de courses, & qu'il borne
es proiets dans vostre séjour, il ne se faut pas estonner s'il vous pre-
ere à tous les autres, il croit de ne pouuoir pas mieux parler qu'en se
eruant de vous, puis que les Parlements se sont estimez honnorez d'e-
tre composé des personnes originaires de cette Ville, qui peussent sou-
tenir leur éclat par leur vertu & leur science. L'on ne sçauroit mieux
addresser cette piece Allegorique, qu'à ceux qui connoissent le merite
de celuy qui se vient presenter à leur yeux, nous faisons gloire d'espou-
ser les sentiments de ce Conquerant enchainé, qui va pousser iusques
au bout les ennemis de la gloire de la France, qui ne sçauroiët se dispen-
ser de l'aymer, sans estre en mesme temps de la nature des monstres;
nous tiendrons à honneur, poussez par les obligations qui nous attachent
à vostre seruice de vous témoigner que nous sommes du nombre de ces
illustres captifs, puis que nous auons autant de motifs, que nous sommes
chargez de chaines, de nous publier.

MESSIEVRS,

Vos tres-obeïssans & obligez
seruiteurs, les Escholiers du
College de Chalon, de la
Compagnie de IESVS.

ARGVMENT.

LA France se voyant dans la possession du Siecle d'Or depuis quelques années ; demande pour acheuer son dessein, & pour donner l'immortalité à son bon-heur, de faire venir Hercule qui l'auoit rendu autrefois si recommendable ; comme le Ciel s'est toûjours montré fauorable à nos vœux ; il permet que cét Hercule fatigué de tant de courses cherche vn Royaume ou il puisse par le moyen de ses chaines, faire des nouuelles cóquestes en iouyssant des charmes de la Paix apres la deffaite des monstres. Quelques esprits ennuyés des trauaux de la Guerre, forment diuers partis pour empescher le triomphe de cét Hercule enchaisné ; mais Iupiter ayant des fortes inclinations pour rendre cét Heros victorieux, n'espargne rien pour luy donner entrée dans la France, ayant battu & renuersé les malheurs, & les furies, euenté les intrigues de Mars, dompté la rage de quelques enuieux , & fait sçauoir à Hercule le lieu de sa gloire, luy donnant Mercure pour en porter les nouuelles à la France qui n'attendoit plus qu'vn Hercule, pour donner la mort à Caluine qui enchantoit par ses maximes tous les esprits,& qu'il ne luy estoit pas difficile de trouuer vne Ville en France fauorable à son dessein, puis que l'on voyoit principalement Chalon qui pour fortifier ses chaisnes, luy offroit déja ses armes qui estoient des Cercles d'honneur,pour couronner ses exploicts. Cé Heros rauy de ce séjour, & connoissant à la faueur du destin la facilité qu'il aura de vaincre des esprits nés pour le bien dire, afin de donner des marques certaines de sa complaisance,il establit le Parnasse dans ce séjour, & il fait dresser le Temple de la reconnoissance à ceux qui ont honnoré iusques à present les sçauants dans le lieu, duquel il do itse communiquer à toutes les Prouinces du monde.

Luc. de Hercule Gal. hist. Gal. histo. Cabilon.

ACTE PREMIER.

PROLOGVE, Iᴇᴀɴ Lᴀᴍᴇʀᴛ *de Chalon*.

PENDANT que la France jouyt du repos, il se trouue quelques esprits qui s'efforcent de troubler sa felicité; la discorde s'estant joint auec l'enuie par le conseil du mauuais destin, n'espargne rien pour faire monter sur la rouë de la fortune le demon de Mars; ces objects quoy que dissipez par la gloire de la France, & par le repos, ne laissent pas de tenir en peine Gallus, qui declarant au Siecle d'or, & au bon-heur ce qu'il auoit veu, ils luy font naistre l'esperance de jouyr bien-tost d'vn Heros, qui arresteroit par ses chaines le cours de tant de funestes accidents, & qui fixeroit les mouuements déreglez de la fortune; en effet Hercule ennuyé de demeurer continuellement parmy les monstres, desire de se produire auec d'autant plus d'éclat, qu'il apprend de Iason que la Paix auoit estably son throne sur la terre, la gloire & la victoire surprises des actions heroïques de ce Prince, luy viennent offrir les cœurs des peuples, & les lauriers, qu'il commande de garder pour en couronner les sçauants; comme Atlas ne peut luy marquer le lieu & le Royaume le plus fortuné; il fait venir dans cette incertitude Æsculape, afin de luy decouurir le séjour le plus charmant & le plus fauorable, au dessein qu'il a d'estre victorieux des esprits. Iupiter rauy de recompenser ses glorieux exploicts l'inuite d'entrer dans le chemin des Heros, mais Hercule luy ayant donné à entendre la resolution qu'il auoit prise, il luy fait present de sa chaine, ordonnant à Mercure de trauailler à la gloire de ce victorieux, & d'estre le compagnon des illustres trauaux, qui doiuent plus loger de dépoüilles dans le temple de la gloire, qu'il n'en auoit remporté par la deffaite des monstres. La felicité luy vient à la rencontre, l'asseurant qu'il treuuera bien-tost dans la France (qui luy auoit esté destinée dans le conseil des Dieux) autant d'amants que d'esclaues, autant d'adorateurs de ses perfections, que de cœurs soûmis à sa puissance.

ACTE SECOND.

PROLOGVE, Clavde Vitte *de Louhan.*

LE bruit qui s'eſtoit reſpandu de la ſortie d'Hercule des Foreſts, eſtonne quelques eſpritsqui apprehendent de porter les mar-ques de cette glorieuſe ſeruitude ; quelques Princes bien eſloi-gnés de ce ſentiment ſe joignent enſemble pour contribuer à ſon triomphe, faiſants plus d'eſtat de jouyr de la preſence de cét Illu-ſtre Captif, que de toutes les beautés que la victoire fait paroiſtre dans leurs terres. Caluine cognoiſſant qu'ayant l'ignorance pour partage, elle ne pouuoit pas perſiſter long-temps dans ſon inſo-lence, aſſemble toutes les fureurs pour s'oppoſer à ſon entrée,elle fait part de ſa douleur à Mars, qui ne doutant pas que ſa vie eſt en danger apres la perte de ſon honneur paroit tout irrité, & animé par les feux de la diſcorde, il fait vn parti mal'heureux pour em-peſcher l'eſtabliſſement de l'empire de cét Heros , qui venoit par ſes fers arreſter le cours de tant de mal'heurs, dont l'Europe eſtoit menacée ; Gallus ſaiſi d'vne ioye extraordinaire montre bien par ſes diſcours qu'il ne faut que ce dompteur des monſtres pour donner le dernier trait à ſon bon-heur ; la felicité & le ſiecle d'or luy font baſtir vn Palais par les Arts, où ils logent tout ce qui peut rendre vn Prince fortuné , pendant que Gallus penſe à l'appareil, & au preſent qu'il fera à Hercule, dõt les qualitez ſont expliquées par Mercure, & par la Renommée, il eſt aduerti de la joye où ſe rencontrent tous ſes ſujets. Chalon ayant veu pendant ſonſom-meil beaucoup de chaiſnes formées de ſes Cercles ſe treuue gran-dement en peine, elle témoigne aſſez le deſir qu'elle à de demeu-rer libre. Le deſtin & l'amour banniſſent quelque peu ſa crainte par le recit de cét Illuſtre Captif,auquel elle doit preparer ſes Cer-cles pour en former ſes chaiſnes, elle fait paroiſtre la ioye qu'elle reſſent,& ne pouuãt déguiſer les tranſports de ſon ame,elle prend ſes Cercles pour en faire des chaiſnes ; Mars qui s'eſtoit promis auec Caluine de renuerſer tout, vient demander ces glorieuſes Armes à Chalon, craignant qu'elle ne donnaſſét l'immortalité au ſiecle d'or ; toutefois ces Cercles ne luy ſont pas accordés , toutes les demandes, auſſi bien que celles que luy font Themis & la Reli-gion, luy perſuadent aſſez de qu'elle importance ſont ſes Cercles.

ACTE TROISIESME.

PROLOGVE, Philippe Alexandre de Trapenard *de Chalon.*

THESEVS affligé senfiblement de la perte qu'il craint de faire d'Hercule, declare ses sentiments à Hesperus, lequel poussé du desir de posseder cét inuincible Monarque, croit que le plus court moyen pour l'arrester dans ses terres, est de luy offrir tout l'appareil de la gloire Romaine, & toutes les delices du Parnasse. Gallus aussi paroist d'autant plus zelé pour contribuer au retour d'Hercule, qu'il est aduerty du party contraire qui se forme pour s'opposer à la possession du bonheur qu'il auoit depuis long-temps esperé; cependant Hercule informe Iason & Atlas, de l'impatience qu'il souffre de jouyr des beautez de la France, & comme il leur explique le plaisir qu'il ressent de viure dans ses chaines, Mercure auec le genie de la France vient l'entretenir de la disposition ou se trouue les François à le receuoir. La gloire Romaine auec Latinus à beau luy presenter son char de triomphe, il fait assez cognoistre par son refus, que tous leurs appareil luy est moins cher que le paisible sejour de la France, dont l'esclat luy semble si surprenant, qu'il y fait inuiter tous les autres Princes, pour y iouyr des aduantages de l'âge d'or; sur ses entrefaites l'amour auec hymen, apprenant de la renommée que ce Heros s'approchoit de leurs frontieres, luy va au deuant pour luy presenter ses chaisnes; mais ayans esté tous deux surpris par les ennemys du repos public; ils se voyent contraints de quitter les marques de leurs triomphes, & de ceder à la malice de ces esprits, qui les enferment dans vne estroitte prison, ou ils auroient long-temps gemis soubs leurs tyrannie, si Mercure ne fut venu abbatre l'insolence de ces seditieux, les contraignans de rendre les fers qu'ils auoient arraché, dont ils chargent Caluine, pour la trainer malgré la resistance des furies iusques au throne de nostre Hercule, lequel ne semble faire son entrée en France, que pour donner la mort à ce monstre, qui se seruoit de l'absence d'vn Prince si redoutable, pour jetter la desolation dans toutes les Prouinces de ce Royaume.

B

ACTE QVATRIESME.

PROLOGVE, Iacqves Marlovd *de Chalon.*

VN grand bien ne sçauroit estre long-temps attendu sans impatience, aussi Gallus qui auoit esté aduerty du retour d'Hercule, desire passionnement la jouyssance de celuy dont les Oracles deuoient maintenir la gloire de la France; comme il soulage l'ennuy de son absence par la description de ses victoires, le genie de la Paix luy declare les desordres de quelques furies dechaisnées, qui auoient iuré par ensemble, qu'elle s'opposeroit au triomphe de ce Conquerant, il donne ordre qu'on les poursuiue & qu'on espargne rien pour abbatre leurs orgueil, & il se retire pour chastier les autheurs d'vne si funeste intrigue ; dans ces entrefaites Athlas paroit, qui témoigne au genie de France, la difficulté qu'il a de treuuer vne Ville, ou Hercule sans vser de sa force pût triompher des esprits, ils ne manquent pas de personnes qui le souhaitent; les genies des nations donnent ensemble combat pour l'auoir. Mais ayants esté mis en fuitte par la gloire de la France, ils ne leurs restent que le repentir de leur temerité; Apollon, Minerue & Mercure, qui sont les courtisans de nostre Prince, vont dans la Ville qui leur auoient esté marquée par le destin, pour y planter le simbole de leur triomphe. Chalon s'estonne d'abord des aymables prodiges qu'elle remarque dans ses terres, elle se resout de ne rien espargner pour l'attirer, faisant preparer ses Cercles, qui par vn presage certain de son bon-heur se multiplient entre ses mains au seul bruit de son arriuée; le genie de la guerre, le malheur du temps, & l'ignorance se treuuent dans vn horrible inquietude, ils n'ont pas plûtost apris le lieu, où il se deuoit retirer, qu'ils font tous leurs efforts pour enleuer ces marques de la felicité; toutesfois ils se voient engagés dans trois Cercles, surpris par Mercure, par l'Amour, & par Apollon, qui à la faueur de Iupiter voit ces monstres abbatus, qui se declaroiét ennemis de la gloire de son fils, l'attaque est furieuse, leur resistance & leur cris sont vains, & bien loing de pouuoir fermer le chemin à ce Prince, auquel rien ne paroissoit inaccessible; il luy ouure vne illustre Carriere : Car cét auguste Oracle ayant esté informé de l'heureux éuenement de ce Combat, engage sa parole à Gallus, pour viure dans cette Ville, qui donnoit par ses Cercles le plus beau Prix à ses chaisnes

ACTE CINQVIESME.

PROLOGVE, Clavde Crochet *de Chalon.*

VN des plus charmants fpectacles dont on fçauroit iouyr, eſt de voir vn victorieux, qui ſans ſe feruir de la force des armes fait font entrée dans vne Ville, ou il rencontre toutes les marques de reſpect & d'amour, dont on a couſtume d'accompagner la ſouueraineté. Il eſt facile de iuger qu'elle eſtime on fait de cét Hercule, par les preparatifs que l'on apporte pour le bien receuoir, tout ce qui compoſe la beauté de ſe ſéjour, eſt content de s'employer auec ardeur pour l'honnorer, Chalon tranſportée de joye à la veuë de tant de biens aſſemblés, ſe promet que cét Hercule, cognoiſſant la paſſion qu'elle a toûjours euë pour recompenſer ceux de ſa ſuitte ne manquera pas de luy donner la liberté de le couronner de ſes trois Cercles d'honneur. Il eſt vray que ce Prince ſe rend à tant d'atraits, & qu'il eſt rauy d'aprendre que tous les cœurs ſont diſpoſez pour ſuiure la gloire de ſon triomphe, comme il eſt aduerty qu'on ne ſçauroit répondre de l'immortalité de ſon éclat, s'il ne fait mourir Caluine qui ſembloit troubler ſes conjouyſſances; Il fait tendre trois rangs de chaiſnes pour la perdre, il reüſſit dans ſon deſſein; Iupiter loüe cette action, luy donnant vne couronne de trois Cercles par les mains de l'immortalité, qui ſe vient preſenter àluy pour luy promettre vn empire inébranlable. Les Zephirs ne s'arreſteront pas dans vne occaſion ſi fauorable; apres quoy le deſtin luy ayant découuert les biés dont il doit jouyr dans Chalon; le bon-heur ſe preſente qui luy offre toutes ſes richeſſes, pour maintenir ſon éclat. La paſſion que chacun à de poſſeder ce Victorieux, ſe fera aſſez voir à trauers les flammes d'vn ſacrifice dreſſé à ſon honneur ou toutes les plus belles ames offriront leur cœur, pour les conſumer à la gloire de celuy qui les fait viure; les deſirs exprimeront leur joye par leur cadence, celuy de la France luy offrira des lys auſquels il a donné la couleur; Hercule rauy de tant de biens, commande à Amphion & Orphée, de faire venir à Chalon ſes deux Colomnes qui ſeruoient de bornes à ſes Conqueſtes, ce qu'il executera promptement, eſleuant encor par leur concert vn Palais à ce Prince, & faiſant venir le Mont du Parnaſſe pour l'eſtablir le ſouuerain en qualité de Soleil des efprits ; Hercule cognoiffant le merite de Chalon qui le reçoit , ordonne des recompenfes aux enfans du Parnaffe ; qui conuaincus de l'amour de ce Prince, preffent les filles de memoire de le loger dans leur Temple.

EPILOGVE.

LE fens de cette piece Allegorique ne fçauroit eftre caché à ceux qui cõnoiffent le haut point ou fe rencontre les lettres dans la France;cét Hercule chargé de chaifnes, dont il fait autant de captifs que de fpecta-teurs, donne affez à entendre qu'il n'y à rien d'infurmontable qu'on ne puiffe gaigner par le bien dire, & que la gloire eft d'autant plus grande que l'on foûmet les efprits fans fe feruir de la violence des Armes. Comme l'aage d'or a efté toufiours fauorable aux belles lettres , & qu'elles pa-roiffent d'auec plus d'éclat auiourd'huy dans la France qu'elles n'ont ia-mais paru ; ne falloit-il pas que nos Mufes ayant tant d'obligation à Meffieurs de Chalon, fe fiffent voir dans l'éclat ou leur liberalité les a logé dans leur Ville.

ARGVMENT DV BALLET DIVISE' EN CINQ PARTIES.

NOVS auons creu que pour donner vne idée accomplie de la felicité dont jouyt la France, il eftoit à propos de faire pa-roiftre fous l'ombre de l'Allegorie, les defirs qui auoient animés fon cœur glorieufement couronnés, le plaifir que nous receuons eft d'autant plus grand que nous les voyons accomplis dans vos perfonnes , nous produirons dans nos Balets cinq defirs pour compofer ces cinq parties,qui ayant efté fatisfait par vne entiere poffeffion de ce qu'ils cherchoient auec impatience , vous fairont affez connoiftre par leurs pas,& par leurs poftures l'auantage que vous deuez vous promettre de leur trauaux.

PREMIER BALET.
DV DESIR DE L'EGLISE,
Fairont l'ouuerture des Balets.

L'Amour de la Vertu, CLAVDE VITTE.
L'Amour de la Science, PHILIPPE ALEX. DE TRAPPENARD.

LE desir de l'Eglise suiuy de deux Genies du bon presage, vient considerer vn lac, & leurs fait signe d'y pescher les marques de leurs bon-heur, en effet ils reüssissent dans cette pesche. La force de l'Eglise pour acheuer leur triomphe, leurs apporte des instrumens pour abbatre vn Temple de l'heresie. Deux furies s'efforcent de le redresser. Mais estans surprises par le zele & par l'amour diuin elles sont mises en fuite. Et ces deux esprits mettent le feu à ce Temple,& dansent sur le propre débris. Apres cette illustre action, le Genie de l'Eglise leur apporte des couronnes qu'ils mettent au pied de la Croix, que ce Genie auoit planté au lieu, ou le Temple auoit esté renuersé.

I. Entrée, Desir de l'Eglise CLAVDE VITTE.
II. Entrée, Les deux Genies du bon presage, IOSEPH DAMAS, IEAN BAPTISTE GOVION.
III. La force de l'Eglise, IACQVES MARLOVD.
IV. Deux furies, PHILIBERT MASSOT, NICOLAS RESPIT.
V. Le zele & l'amour, CLAVDE VITTE, PHILIPPE ALEXANDRE DE TRAPENARD.
VI. Genie de l'Eglise, GVILLAVME LA CROIX.

SECOND BALET.
DV DESIR DE LA NOBLESSE.

DEvx triomphes fairont l'ouuerture de ce Balet, celuy de la Guerre montrera vn visage tout irrité ; le triomphe de la Paix aura vn visage doux, ce qui obligera le premier de quitter ses armes, & de luy offrir tout ce qui l'aura pris dans le combat. Le desir de la Noblesse mesprisant le present que luy fait Mars, se laisse enchainer par la vertu. Le Genie du siecle d'or ayant contraint deux Guerriers de quitter les armes, leur presente vn liure dont ils estonnent Mars, & le repos se joignant à eux, enchaine cét esprit seditieux & laisse la Noblesse dans vne possession entiere de l'honneur pendant la Paix.

ɪ. Entrée, Deux triomphes de la Paix & de la Guerre, Philippe Alexandre de Trapenard, Philibert Massot.

ɪɪ. Entrée, Defir de la Nobleffe, La vertu, Mars, Ioseph Damas, Govion, Clavde Vitte.

ɪɪɪ. Entrée, Genie du fiecle d'or, deux Guerriers, De Trapenard, Iacqves Ieanthial, Fronçois Golion.

ɪv. Entrée, Le repos, Iacqves Marlovd.

TROSIESME BALET.
DESIR DV PEVPLE.

LE plaifir aura peine de treuuer vn féjour pour faire goufter fes douceurs. Le defir du peuple fe voyant efcorté du malheur du temps & de l'Aueuglement, cherche l'occafion de s'en deffaire. Deux payfans faifi des mefmes fentimens charment la pauureté, ou ils fe rencontrent par vne danfe à la ruftique. Lors que l'abondance qui fembloit auoir abandonné le fiecle d'or, leur enuoye des fruits & des fleurs, pour contenter le Genie de l'eloquence, qui s'eftant joint auec celuy du peuple, prend plaifir de fe couronner.

ɪ. Entrée, Le plaifir, Clavde Vitte.

ɪɪ. Entrée, Defir du peuple, mal'heur du temps, aueuglement, Iean Baptiste Govion, Nicolas Respit, Marlovd.

ɪɪɪ. Deux payfants, De Trapenard, Massot.

ɪv. Genie du peuple, Genie de l'éloquence, Gvillavme Lacroix, Iacqves Ianthial.

QVATRIESME BALET.
DV DESIR DE TOVTE LA FRANCE.

LE Genie de la Seine, joint auec celuy de la Saone, promet de contenter le defir de toute la France, en luy donnant vn Dauphin. Comme il eft dans vne impatience de le voir, les quatre elemens viennent pour montrer fon image dedans eux. La terre luy fait voir la grandeur de fon Empire ; ils font rauy de voir les Cometes qui fe diffipent à la veuë de ce Dauphin. Les Zephirs qui venoient de porter ces nouuelles à tous les Royaumes viennent fe loger dans la France, ou ils font arreftés par le defir de cét Empire, ils offrent leurs aifles au Genie du Dauphin, afin de ne courir d'orénauant que par fes ordres.

ɪ. Entrée, Genie de la Seine, Genie de la Saone, CLAVDE VITTE, IOSEPH DAMAS.

ɪɪ. Entrée, Defir de la France, IACQVES MARLOVD.

ɪɪɪ. Entrée, l'Eau, l'Air, la Terre, le Feu, NICOLAS RESPIT, FRANÇOIS GOLION, IACQVES IANTHIAL, GVILLAVME LACROIX.

ɪv. Le beau-temps, Deux Zephirs, IEAN BAPTISTE GOVION, DE TRAPENARD, MASSOT.

CINQVIESME BALET.

DV DESIR DE CHALON, ET DES AVTRES QVATRE defirs Couronnés.

TRois Heros eftant forty de leur tombeau, pour voir la beauté de Chalon, témoigneront la fatisfaction qu'ils ont d'aprendre que cette Ville eft le féjour des fçauans. Les quatre defirs qui auoient apris que ce grand Hercule eftoit dans Chalon, viennent luy apporter leur couronnes, mais le fiecle d'or les ira couronner de la part de ce Prince, & le defir de Chalon rauy de fes prefens viendra fe joindre aux autres, apres auoir mis fon cœur dans les flames du facrifice ; il fait des Cercles en diuers endrois du theatre, & le defir de la France auec le defir de la Noblefse forment à ce Prince des chaifnes en cadence. *Les Balets feront fermés par la reconnoiffance & par l'amour, qui viendront à la fin du Ieu remercier Meffieurs les Magiftrats.*

ɪ. Entrée, Trois Heros, VITTE, DAMAS, DE TRAPENARD.

ɪɪ. Entrée, Defir de la Noblefse, du Peuple, de la Religion, CL. VITTE, IEAN BAPT. GOVION, FR. GOLION.

ɪɪɪ. Defir de la France, de Chalon, fiecle d'or, IACQVES MARLOVD, PHILIPPE ALEXANDRE DE TRAPENARD, IOSEPH DAMAS

ɪv. Entrée, La reconnoiffance l'Amour, C. VITTE, PHILIPPE ALEX. DE TRAPENARD.

SVITT DES DILVDES.

*Il y aura quelques dilludes pour diſtinguer les actes, le premier ſera des
quatres âges de l'homme, qui ſe plaignent de la viteſſe du temps, &
qui s'efforceront de luy roigner les aiſles. L'autre ſera du monde renuerſé
que l'amour clairuoyant s'efforcera de redreſſer, mais il perdra ſa peine,
& on ſera contraint de laiſſer le monde comme il eſt. L'amour aueugle
treuue qu'il ſe porte bien, pourtant l'amour clairuoyant fait venir la ſa-
geſſe & la raiſon pour le guerir, mais il ne veut que la folie, & qu'vn
contrefait pour le mettre en bon eſtat ; leurs remedes toutefois ne luy
profitent pas, & ce monde ne treuue point de plus excellent medecin que
le Diable ; on verra dans vn autre dilude, les ignorans mépriſés.*

Fermera la Scene, & remerciera Meſſieurs les Magiſtrats &
toute l'Aſſemblée, Iean Meritte.

LA decoration du Theatre eſt conforme au deſſein de l'Au-
theur, il eſt en ouale, & compoſé de ſix colomnes ſe-
més de fleurs de lys en relief, les bazes repreſentent les chaiſnes de
la Nauarre, & les corniches ſont remplies des Armes de tous
Meſſieurs les Maires, qui ont gouuerné cette Ville, auec tant de
prudence qu'ils ont trouuez vn rang honnorable dans l'Hiſtoire.
Les Frizes, les Architraues ſont variées, il y a des meufles de Lyon,
des tableaux, ou il y à pluſieurs deuiſes & emblémes, pour accompagner la ioye que l'on a dans cette demeure des Muſes. Il
y à ſur la corniche des baluſtres, & on voit quelques deuiſes ſur ſix
pyramides, qui expriment les beautés & les aduantages de ce
ſéjour faiſant alluſion à leurs Armes, outre le Theatre ordinaire
il y en a vn autre ſoutenu ſur les colomnes qui repreſente le Ciel,
ou l'on voit les aſtres les plus fauorables, qui viennent augmenter par leur éclat la gloire de Chalon. On pourra voir quelques-
vnes de ces deuiſes.

Plusieurs Astres disposés en Cercles *voluuntur in orbem*, pour marquer que Messieurs les Magistrats n'agissent que pour conseruer ces Cercles, c'est à dire, l'immortalité du bon-heur de cette Ville.

Vn Soleil qui fait vn Iris, *sibi Diadema laborat*, ainsi les trauaux de ces Messieurs ont la gloire pour recompense, & meritent les Cercles d'honneur qu'ils conseruent.

Vne pierre jettée dans l'eau où il y a plusieurs Cercles, *inuenit mota coronam*, pour dire que Chalon dans les guerres a toûjours esté en possession de son bon-heur.

Diuers Cercles enfermés, *geminantur in orbibus orbes*, Chalon enferme ce que l'on voit dans plusieurs climats.

Vne main sortant d'vne nuée poussant vn Cercle, *quocumque pererrat*, la ronommée de Messieurs de Chalon n'est bornée d'aucune Prouince.

Vne autre ou il y a trois globes *multos excurrit in orbes*.

Deux mains qui taschent de rompre trois Cercles vnis ensemble, *nulla manus tot diuidet orbis*.

Vn globe sur vn cube, *nil orbe perennius*, Chalon est asseurée dans son bon-heur.

Plusieurs Cercles entre lesquels il y en a vn d'or, qui porte ces mots, *lumine vincit*. Chalon éclate par dessus les autres.

Des couronnes de lauriers, de chaisnes, de fleurs, *non præmia desunt*. Iamais la vertu & la science n'ont esté dans Chalon sans recompense, & sans couronne.

Des yeux qui gardent des Cercles, *seruantur ab orbibus orbes*. Messieurs les Magistrats dont l'on voit les Armes dans la Scene, ont veillés continuellement pour maintenir la Ville.

Vn monstre enferme dans vn Cercle, *nulli patet exitus*, signifiant que le vice ne sçauroit regner, n'y estre sans chastiment dans cette Ville.

Vn Palais entouré de trois Cercles, *pars nulla laborat*, Chalon asseurée de sa felicité n'apprehende rien. Et ainsi de plusieurs autres.

PERSONNAGES ET ACTEVRS.

Hercule Gaulois, Iacques de Thefut *de Chalon.*
Gallus, Iean Lamert *de Chalon.*
Iupiter, Touffains Mefnager *de Chalon.*
Thefeus Roy des Grecs, Thomaffet *de Monfenit.*
Hefperus Roy des Latins, Touffaint Mefnager.
Athlas Roy de Mauritanie, Iean Meritte *de Chalon.*
Iafon Prince Detheffalie, Claude Vitte *de Louhan.*
Chalon, Iean Machoud, *de Tournus.*
Siecle d'or, Iofeph Damas *de Marfilly.*
Bon-heur, Iean Baptifte Gouion *de Chalon.*
Mercure, Pierre Maffard *de Chalon.*
Apollon, Iofeph Villemot *de Chalon.*
L'amour, Philippe Alex. de Trapenard, *de Chalon.*
La gloire Romaine, Iacques de Branfion.
Hymen, Claude Crochet *de Chalon.*
Mars, Pierre de Pize *de Chalon.*
Heros de la France, Iacques Marloud *de Chalon.*
Polemarque, Claude Lefne *de fainct Vincent.*
Le bon Deftin, Iean Baptifte Gouion.
Le mauuais Deftin Iean Merite.
Æfculape Pierre Maffard.
L'honneur de la France, Claude Lefne.
Le Repos, Iofeph Colmont *de Chalon.*
Genie de la Paix, Pierre Demucye *de Chalon.*
La Victoire, René Fichot *de Chalon.*
La Fortune, Iean Machoud.
L'enuie, Pierre Maffard.
Amphion, Claude Crochet.

Diuers Genies.
{
Iofeph Colmont.
Guillaume Lacroix *de Chalon.*
Iean Berard *de Chalon.*
Iacques Ianthial *de Chalon.*
Nicolas Refpit *de Chalon.*
}

Pallas, Iacques de Branſion, *de Vif-argent.*
Deux { Guillaume Lacroix.
Paſteurs. { Claude Crochet.
La renommée   René Fichot *de Chalon.*
Les deſirs { Nicolas Reſpit.
De Chalon. { Iean Berard.
{ Iacques Ianthial.
Gallus, Iacques de Branſion
L'immortalité, René Fichot *de Chalon.*
Caluine, Philippe Souſſelier.
Deux { Philibert Maſſot *de Chalon.*
Furies. { Pierre Villemot.

PERSONNAGES DES DILVDES.

Iean Meritte.
Pierre Maſſard.
Ioſeph Villemot.
Philippe Alex. de Trapenard.
Pierre de Pize.
François Golion.
Iacques Marloud,

{ Claude Leſne.
{ Ioſeph Colmont.
{ Pierre Demucie.
{ Claude Crochet.
{ Iacques Ianthial.
{ Pierre Villemot.
{ René Fichot.

A la plus grande Gloire de Dieü!